D'ANSELME DE PUISAYE

LE MONUMENT

DU

CARDINAL LAVIGERIE

À

SAINT-LOUIS DE CARTHAGE

PARIS

ERNEST LEROUX, ÉDITEUR

28, rue Bonaparte, 28

1900

LE

Monument du Cardinal Lavigerie

A Saint-Louis de Carthage

D'ANSELME DE PUISAYE

LE MONUMENT

DU

CARDINAL LAVIGERIE

A

SAINT-LOUIS DE CARTHAGE

PARIS

ERNEST LEROUX, ÉDITEUR

28, rue Bonaparte, 28

1900

LE MONUMENT

CARDINAL LAVIGERIE A SAINT-LOUIS DE CARTHAGE

I

Le Cardinal était une formidable organisation, et personne n'oserait nier son action directe sur les destinées du monde africain.

Jamais caractère ne s'est plus fortement affirmé ! Ce qu'il a voulu il l'a fait sans faiblesses, et sa puissance était surtout remarquable dans l'action ; l'homme est ici tout entier dans son œuvre.

Pour cette nature, toute de résolution, le repos était un non-sens qu'elle n'a pas voulu connaître. Lorsqu'à la suite d'un examen rigoureux, conduit sans précipitation, le Cardinal avait décidé qu'il en serait fait ainsi, aucune volonté humaine ne pouvait le faire fléchir.

L'histoire ecclésiastique nous montre peu d'apôtres plus sûr de son apostolat et plus confiant dans la vitalité des actes de l'Eglise. Il ne fallait donc pas faire sortir du marbre un Cardinal défaillant, le regard tourné vers le ciel pour implorer le Très-Haut, et lui demander la sanction d'une vie si bien remplie.

L'artiste, sans aucun doute, afin de forcer l'expression qui lui échappait, a voulu faire usage d'un contraste montrant le grand Missionnaire africain pris de faiblesse, brisé par la douleur et miné par le doute, pleurant sur son œuvre inachevée.

L'esprit chrétien, qui a fait du Cardinal le hardi prisonnier que nous avons tous vu et admiré, ne connut jamais ces désolations. La foi fit surgir Pierre l'Hermite du moyen âge et les croisades changèrent la face de l'ancien monde. Le XIXᵉ siècle, tout agité de crises inconnues avant lui, à son tour nous a donné Lavigerie, et de l'esclavage, cette honte de l'humanité, il ne reste plus que quelques vestiges.

Que pourront bien penser de cette incomplète image, ces fidèles missionnaires que le prélat a conviés à poursuivre le rachat des races noires? Ils ne la reconnaîtront pas!... Ce n'est point là l'inébranlable collaborateur du profond pontife Léon XIII, l'honneur de notre siècle! Non, mille fois non, de ce groupe, la pensée maîtresse ne sort pas, et la grande taille de l'Evangéliste ne se dresse plus au sommet de ce divin royaume, l'objet de ses espérances. L'artiste n'a pas su faire le choix, ni traduire l'expression des affections de cette grande âme chrétienne... et de la solennité d'hier, il ne reste qu'un beau et magnifique discours, monument impérissable de l'éloquence sacrée.

Il fallait montrer le grand homme avec tout le respect dû à sa sincérité et à l'activité d'un labeur sans arrêt. Le ciseau de l'artiste devait tailler dans le marbre plus que le héros de l'ultramontanisme, mais aussi l'homme dans une incessante action, et bien plus intéressant encore par les parties les moins sympathiques de son caractère.

En regardant ce mâle visage, le spectateur voudrait être édifié sur l'habileté tenace et assez indifférente du choix des moyens employés pour arriver au résultat, qui a fait du Cardinal un être à part, tout de relief. Le sculpteur, ici, n'a pas fait preuve de toute la pénétration nécessaire, ni de délicatesse dans l'analyse et l'observation morale du sujet.

Le Cardinal, dans ses ouvrages, n'a peut-être pas une valeur philosophique ou littéraire transcendante, mais ils ont au moins le grand mérite de faire connaître l'auteur et l'apôtre marchant à son but et écrivant, non pas tant pour répandre des idées et provoquer l'étude et la réflexion, que surtout dans l'intention d'étendre son influence, préparer, seconder ou défendre sa conduite.

Il ne saurait être question d'aborder dans cette analyse les questions de politique ecclésiastique, cependant, là encore, le caractère du Cardinal se retrouve, et il faut bien faire remarquer, en passant, qu'en plus d'une rencontre, et surtout dans ses rapports avec nos gouvernants, Lavigerie s'est montré d'un libéralisme pratique et vraiment éclairé. Ce manieur d'hommes, sous une apparente violence, savait fort bien calculer son action d'après les résistances probables, et, à l'occasion, il montrait plus d'égards pour les volontés et les idées d'autrui que certains doctrinaires du libéralisme, souvent enclins à une intolérance sourde et sans grandeur.

La statue du Cardinal devait satisfaire tous ceux qu'intéresse le développement des idées religieuses et rappeler, même aux incrédules, la préoccupation qu'avait eu ce grand esprit de rendre tangible combien le catholicisme s'adaptait aux besoins de l'époque ; on peut dire que rien dans l'ensemble du monument ne se rapproche de cet idéal.

II

Faire la critique, point par point, de ce monument historique dépasserait notre mesure. Nous la demanderons donc à un maître que personne ne conteste plus : M. Henry Jouin, et nos principaux arguments seront copiés dans son livre si précis : *Esthétique du sculpteur.*

« Chapitre V, p. 134. Ce que le sculpteur doit chercher dans l'homme, c'est la pensée. — Qu'est-ce qu'un corps ?

« L'homme, moins agile que l'aigle, moins robuste que le lion, serait-il le roi du monde créé, sans la vie de l'intelligence, l'âme, le souffle idéal et divin dans lequel s'enveloppe la pensée.

« Malheur au statuaire sans audace qui ne cherche pas la pensée.

« Il porte contre lui un arrêt terrible. L'esprit appelle l'esprit, comme la matière appelle la matière. Si donc le sculpteur, en face de l'homme, ne saisit et ne sait rendre que des formes où n'habite pas la pensée, c'est que toute lumière est éteinte chez l'artiste. Il marche dénué de pénétration, sans courage comme sans amour, le cœur froid.

« Sa main toujours habile commande encore à l'outil, mais parce qu'il n'a su dire que la vie végétative ou la vie sensitive que l'homme porte dans son corps, parce qu'il s'est détourné de l'âme raisonnable, le philosophe, à son tour, se détourne de sa statue.

« Autre eût été la destinée de son marbre s'il l'avait imprégné de ce rayonnement qui vient de l'âme, et que Phidias savait épandre sur le corps tout entier, aussi bien dans les yeux de ses figures que dans leur attitude, sur le torse nu de Bacchus, sur les draperies flottantes des puissances marines.

« N'est-ce pas Plotin qui a dit : *La beauté brille de tout son éclat sur la face d'un vivant, tandis qu'après la mort on n'en distingue plus que la trace ?*

« J'ouvre la République de Platon : *Ce n'est pas, à mon avis, le corps, si bien constitué qu'il soit, qui, par sa vertu, rend l'âme bonne ; c'est, au contraire, l'âme qui, lorsqu'elle est bonne, donne au corps, par la vertu qui lui est propre, toute la perfection dont il est capable.*

« *Le plus beau des spectacles, pour quiconque pourrait le*

contempler, ne serait-il pas celui de la beauté de l'âme et de celle du corps unies entre elles dans une harmonie parfaite ?

« Voilà, certes, le rôle de l'âme hautement défini, sa part d'action dans l'art plastique tracée d'une main savante.

« C'est le divin Platon qui informe le statuaire que, quoiqu'il tente, s'appelât-il Praxitèle ou Socrate, quelqu'un l'aura précédé dans son œuvre. L'homme qu'il va traduire dans un marbre élégant a déjà senti le ciseau ; certaines parties de son être ont dû céder sous les coups de maillet d'un mystérieux sculpteur.

« Ce sculpteur, c'est l'âme.

« L'âme s'est emparée de la chair, elle l'a soumise. Des plis profonds, glorieuses cicatrices ou vestiges sans honneur, attestent l'action décisive du maître qui s'est fait un abri dans ce corps que, tout à l'heure, vous allez ébaucher dans le granit.

« Qu'est-ce qu'un temple sans dieu ?

« Oseriez-vous prétendre que le corps vous intéresse, tandis que l'âme vous reste étrangère ?

« Le corps, c'est le temple. Le dieu, c'est l'âme !

« N'essayons pas d'échapper à l'appel du dieu. Sa lumière vous baigne malgré vous. Ouvrez le regard — *Deus, ecce Deus.* L'âme surabonde, elle éclate, elle commande, elle est reine. C'est elle qu'il faut voir, elle qu'il faut comprendre et sculpter, car le philosophe vous l'a dit : De la beauté de l'âme et de celle du corps, réunies entre elles dans une parfaite harmonie, naîtra le plus beau des spectacles. »

On ne saurait mieux dire !

Regardons maintenant le monument funèbre de Carthage. Dans cette pierre glaciale, où se trouve donc l'âme du Cardinal ? Elle n'est nulle part ! Cet homme, soulevé en dehors de son centre de gravité, l'épaule gauche dans le vide, pas même appuýée sur sa charpente, donne à l'œil, qui cherche en vain la stabilité due à l'immuable, un sentiment d'inquiétude qui le déconcerte.

De l'habileté de main, de la science de la technique, nous ne dirons rien, elles sont ce qu'elles devaient être chez un artiste comme M. Crauk, elles sont au-dessus de la critique. Mais :

« Toute grande vie est une, et peut être résumée par le statuaire.

« Le cri d'une âme, voilà ce que l'artiste doit traduire. »

Retournons au monument chercher ce cri. Le ciseau n'a taillé que des détails, et l'ensemble s'y engloutit !

III

« De la caractéristique d'une grande vie.

« *Vita in motu*, dit l'école.

« Or, il ne peut exister que deux mouvements.

« L'un, intime ou de contemplation.

« L'autre, extérieur ou d'action. De là, deux vies : la vie spéculative et la vie pratique. Deux classes d'hommes : les hommes de pensée et les hommes d'action.

« L'un et l'autre de ces groupes sont dans le mouvement, mais quelles différences à observer dans les signes que tracera l'artiste, s'il doit représenter un philosophe ou un capitaine !

« Comment le statuaire doit-il rendre sensible, en la résumant, une existence d'homme ? — Mais, là encore, il y a lieu de distinguer trois ordres d'action :

« L'action intellectuelle, qui est celle de l'orateur et du maître enseignant.

« L'action tangible, qui est celle du soldat.

« L'action de justice et de charité, qui est celle de l'apôtre et du chef d'Etat.

« L'artiste est tenu de parler sa pensée à l'aide de signes.

« Quels seront donc les signes préférés pour traduire, dans l'éloquence et la concision qui sont la parure de l'œuvre sculptée, le mouvement extérieur ou intime, l'action de l'orateur, du soldat ou du chef d'un d'empire ? »

Il n'est pas téméraire d'avancer que l'artiste n'a pas su les trouver pour caractériser la vie du grand Apôtre africain, qui dort maintenant du sommeil éternel sur la colline de l'antique Carthage. Il n'a pas su davantage marquer, sur le puissant visage de son modèle, la résultante des passions chrétiennes ou des vertus maîtresses de cet homme supérieur. Il a oublié, selon la juste remarque du maître, que la puissance d'expression dans une tête est devenue, pour le sculpteur moderne, la suprême ressource.

Le monument du cardinal Lavigerie est-il un groupe ?

C'est encore le maître qui va répondre.

« Qu'est-ce que le groupe ?

« Le groupe est l'expression totale de l'art du sculpteur.

« Nous avons dit de la statue qu'elle résume l'art plastique. Le groupe est l'épanouissement de cet art. Il est le terme dernier de toute création pour l'artiste. Le statuaire ne saurait éprouver d'impulsion qui le porte au-delà du groupe. Si nous observons le sculpteur dans sa formation intellectuelle, l'objet de son étude doit être la statue ; mais, si nous l'accompagnons plus tard dans la vie, s'il nous interroge sur l'œuvre maîtresse vers laquelle doit converger son intelligence, sa volonté, l'effort de sa main, c'est un groupe que nous lui demanderons de produire.

« Lorsque l'artiste se prend à chercher un sujet, quoi qu'il fasse, l'individualité qui se réclame de lui n'est pas isolée. Elle lui apparaît dans son cadre, dans son milieu. »

Sous l'impression de cette pensée, le sculpteur a groupé plusieurs personnages les uns dans des poses recueillies, les autres débordants d'enthousiasme. Sur la première marche du monument sont agenouillés deux pères blancs en prière ; celui de gauche, la tête cachée dans ses mains, essaie en vain de personnifier la douleur résignée, il ne réussit qu'à distraire les yeux et à couper la ligne d'horizon. Celui de droite, renversé en arrière, dans une pose qui aurait pu fournir un beau prétexte à des lignes tombantes, serre mécaniquement ses mains dans un mouvement anguleux d'une grande sécheresse. Son visage en pleurs semble faire un appel désespéré à la miséricorde divine ; il n'exprime même pas la tristesse d'une âme vulgaire, lorsque le modèle plein de sa foi et d'admiration pour son initiateur devait montrer tout le déchirement de son âme chrétienne.

Plus loin, sur la même marche et sur la même ligne, se dresse, à gauche, un bronze, plus faible de proportion, dont toute la partie basse du corps est voilée par le premier père blanc. Outre des attributs mal placés, les draperies se voilent encore dans des plis brusquement coupés par la masse blanche du bon père. Il ne reste plus au regard étonné qu'un bras chargé de chaînes qui s'agite désespérément au-dessus d'une tête sans expression.

A droite, toujours aussi mal placée, une femme de bronze, coupée de même à la ceinture par le capuchon du second père blanc, tient d'un bras, qu'on ne voit pas, la moitié d'une gerbe qui ajoute un plumet noir au sommet de la coiffure blanche de la statue du premier plan. Sur son épaule droite, cette nouvelle convertie tient, d'un bras anguleux, un enfant au geste maigre et dans une pose qui n'est pas de son âge.

Tout cela se coupe, se heurte, se brise dans ses lignes, et déconcerte le penseur qui cherche, en toute sincérité, la pensée dominatrice qui a fait agir cet homme et l'a placé au milieu des plus fervents apôtres du christianisme.

Burke dit : *L'uniformité est nécessaire, si l'on veut porter la pensée au-delà du réel, car, si les parties changent de figure, l'imagination rencontre un obstacle à chaque changement. Toute altération devient le terme d'une idée et le commencement d'une autre : dès lors, il reste impossible de suivre cette progression ininterrompue qui, seule, peut imprimer aux objets bornés le caractère de l'infinité.*

Nous trouvons dans ces lignes le principe de la parité nécessaire à la composition du groupe. Qu'est-ce que la ressemblance, l'égalité de la nature, la valeur correspondante, la relation réciproque, sinon ce que le critique anglais appelle l'uniformité.

IV

« L'artiste qui sculpte un groupe doit avoir pour objet l'être
« social.

« Il est une loi de raison sans laquelle l'œuvre d'art n'est
« qu'ébauchée. Vainement y a-t-il une relation de nature et de
« forme, si les volontés, si les intelligences, si les âmes, en un
« mot, ne correspondent entre elles; le rapprochement des
« corps est sans valeur. »

Dans ces quelques lignes, se tient la critique entière du mausolée du grand Cardinal africain.

« *Le Beau*, a dit Edmond Burke, *ne peut exister dans les
« choses qui présentent une longue uniformité, ni dans celles
« dont les changements s'opèrent par des coups brusques et
« tranchants.* »

Regardons encore une fois ces quatre personnages flanqués aux quatre coins du monument et nous serons bien plus pénétrés de l'évidence de cette affirmation.

« La loi d'alterance ne peut donc être esquivée par l'artiste
« qui a pour mission d'exprimer le beau !

« La loi de progression veut aussi qu'il y ait ordre, harmonie
« entre les éléments constitutifs du groupe, de même qu'elle
« exige, dans la société, qu'il y ait hiérarchie.

« L'artiste ne pensera donc pas avoir fait un groupe si les
« personnages qu'il représente n'ont d'autres liens entre eux
« que la simple convenance ou l'indispensable utilité des ser-
« vices.

« Le sculpteur doit viser plus haut. Il faut, pour que le voi-
« sinage des figures, dans un même groupe, n'ait rien de fac-
« tice, qu'il existe entre elles une subordination logique, une
« dépendance raisonnée.

« La prédominance de la figure humaine dans les groupes,
« les grecs l'ont toujours respectée. » A plus forte raison,
devrait-on la trouver dans toute sa majesté dans un monument qui devait montrer le triomphe de la foi sur la matière.

Lorsque des passions violentes, ou des faiblesses inexplica-
bles, troublent la paix de l'âme et altèrent l'état naturel du corps,
la vertu sert alors à entretenir l'harmonie de l'un et de l'autre.
Après une crise morale ou une douleur physique, si la beauté
de l'homme se conserve, si ses mouvements extérieurs gardent
leur grâce et leur dignité, nous sommes tentés de regarder
cette conservation comme le plus sûr témoignage de l'excel-
lence des qualités morales qui le distinguent.

Nos jugements, en général, se dirigent sur ce principe, et
notre pitié, presque toujours, s'attiédit devant des mouvements désordonnés, des contorsions, des cris et des pleurs.
Dans les tourments les plus aigus, jusque dans l'agonie, et
jusqu'après la mort, nous voulons voir l'homme conserver à
l'extérieur le repos et la sérénité qui annoncent une âme bien
trempée. L'homme, au moral comme au physique, dans les

plaisirs comme dans la souffrance, doit montrer un être supérieur ; et c'est surtout à l'âme chrétienne que l'artiste doit demander de s'élever à cette paix inaltérable que nous regardons comme un apanage de la divinité qui l'exalte.

M. Crauk a malheureusement oublié devant son marbre que pour atteindre la perfection de l'art, il ne saurait suffire d'être vrai dans l'imitation des formes, qu'il est urgent que ces formes soient imitées avec vérité, d'une pureté sans mélange et choisies avec habileté. L'artiste ne s'est pas assez demandé où se trouvaient ces grands principes qui servaient aux statuaires grecs pour traduire le beau suprême.

Les mots, dans le langage figuré des artistes, n'ont pas toujours la signification première que leur ont donnée les métaphysiciens ; ceux-ci appellent sensibilité notre faculté de recevoir des sentiments. Dans les arts, on appelle sentiment la faculté de ressentir une sensation vive et forte à la seule vue d'un objet qui frappe avec énergie par les qualités extérieures qui le distinguent.

Si tous les artistes doivent ressentir avec force, la nature ne les dispose cependant pas tous à être fortement affectés par les mêmes objets. L'un saisit avec justesse les ondulations des creux et des saillies, on lui accorde le sentiment des formes. Les accidents et les produits de la lumière et de l'ombre se gravent mieux dans les yeux d'un autre, sa perception plus nette des teintes variées qui se mêlent ou s'avoisinent sur la surface des corps, lui fait décerner le sentiment de la couleur. Mais l'artiste complet sait admirer et saisir l'éclat et la variété présentée par l'extérieur des corps ; le feu qui anime les êtres vivants ne saurait lui échapper : « il s'identifie avec eux, entre « dans leurs mouvements, pénètre leurs joies et leurs désirs, « souffre de leurs souffrances ; il sait encore reconnaître les « affections de leur âme, leurs habitudes, leurs pensées même, « dans leurs gestes et dans les modifications de leurs traits.

« *Chacun reconnaît que celui-là a le sentiment des formes, le*
« *sentiment de la couleur et le sentiment des passions réunis*
« *dans un seul tout, et qu'il est organisé de telle sorte qu'il*
« *peut imiter, avec vérité et sans faiblesse, tout ce que la nature*
« *a de plus riche, de plus grand et de plus sublime.* »

A notre grand regret pour l'artiste qu'est M. Crauk, il nous faut bien avouer qu'il s'est arrêté en chemin, à la première étape, et l'on peut dire de lui qu'il n'a encore conquis que le sentiment des formes.

Le sculpteur, qui se laisse dominer par la seule violence de son sentiment, court le risque de ne pas toujours saisir dans leur ensemble, et au même moment, toutes les parties de l'objet qu'il veut imiter. Agité par le tumulte de ses pensées, il oublie trop vite que si le sentiment est le premier élément du goût, il n'est pas le seul à le former. La passion qui l'agite, l'entraîne et l'égare souvent, son émotion dont il ne sait définir les sources, ses trop vives et trop rapides jouissances devant le *morceau* réalisé, l'induisent plus d'une fois en erreur.

S'attachant avec trop d'ardeur à de certaines parties qui lui sont plus familières, il ne regarde plus les autres et voit mal les masses, il les néglige pour se passionner sur les détails. L'ouvrage peut être admirable dans quelques fragments, mais fatalement imparfait *et les parties essentielles ne se retrouvent plus dans leur intégrité.*

Dans le monument de Carthage, le détail est admirable, sans aucun doute, mais ni les figures palpitent, ni ne souffrent, ni ne crient! *Qu'y manque-t-il? ce que la réflexion et le goût auraient dû y mettre : du choix dans les formes, de la justesse et de la fermeté dans les plans, du liant, de la grandeur et de l'harmonie.*

L'artiste, dont les sensations sont trop vives, se laisse entraîner dans quelques émotions qui conviennent plus particulièrement à son tempérament et cadrent mieux avec ses dispositions naturelles : elles entrent dans ses habitudes, et lorsqu'il considère la nature, elles la modifient sensiblement par les effets réflexes. Il ne saisit plus alors dans la diversité de ses modèles qu'un seul caractère de beauté, que répètent à son insu tous les ouvrages sortis de son ciseau ou de son pinceau. C'est ainsi que le peintre et le sculpteur, lorsqu'ils se laissent dominer par ce sentiment mal réglé, arrivent tout droit à une *manière*, grande quelquefois, et belle souvent, mais néanmoins *manière* ! et quoi qu'ils fassent, incapable de jamais représenter la nature dans sa richesse, ni de rappeler l'antique dans sa majestueuse variété.

Le sentiment lui-même peut s'altérer et devenir faux. Il est juste, lorsque chez l'artiste la vibration des nerfs est régularisée et donne à l'idée, qui en résulte, une conception conforme à l'objet qui la fait naître. Il devient faux par l'insuffisance ou par la mauvaise disposition des organes du peintre ou du sculpteur qui ne voient plus alors l'objet tel qu'il est dans son intégrité. La justesse du sentiment, dans les arts, tient surtout à *la justesse de l'œil*, à *l'habitude de voir*, à *la connaissance profonde* des objets à représenter.

Il est de toute évidence, d'après ces principes, que M. Crauk ne s'est pas assez pénétré de son sujet ; que le véritable aspect de la vie du Cardinal lui a complètement échappé, entraîné qu'il était par une certaine ardeur de l'imagination qui lui a troublé le regard.

« Le génie, dans l'art statuaire, sait choisir de nobles sujets ;
« il agrandit, élève et anime tous ceux qu'il traite ; il sait
« encore, dans une action, saisir le moment, les pensées et les
« mouvements de l'âme les plus capables de produire de
« grands effets ; il exprime beaucoup avec peu de figures ; il
« apprécie toutes les convenances ; il allie la richesse avec la
« simplicité, l'énergie de l'expression avec la beauté des
« formes. Ce n'est pas tout : le génie saisit avec la plus exacte

— 18 —

« justesse la forme des corps telle qu'elle est ; il sent vivement
« tous les contours, tous les reliefs, toutes les demi-teintes, et
« reporte le tout sur son ouvrage avec autant de justesse qu'il
« l'a saisi. Il peut choisir avec sûreté parce qu'il voit tout ; il
« voit tout, parce qu'un amour toujours renaissant attache ses
« yeux sur son modèle. »

La grandeur et la noblesse du sujet, M. Crauk les a senties,
mais il n'a su choisir le moment ni traduire les mouvements
de cette âme puissante ; il a cru beaucoup exprimer avec ses
figures tourmentées, et n'a réussi, en réalité, qu'à rompre la
simplicité et à produire un groupe sans aucune énergie
d'expression ni réelle beauté de formes.

L'artiste, en général, est déterminé dans le choix des sujets
par une inclination naturelle qui le porte à saisir, plus ou
moins vivement, par l'impulsion de la pensée qui le domine,
ce que la nature lui offre de délicat, d'austère ou d'imposant ;
par cela même, il doit exprimer certaines affections de l'âme
avec plus de facilité que d'autres. Le peintre ou le sculpteur,
doué d'une sensibilité vive et profonde, se fait un style qui le
personnifie et peint rigoureusement le caractère de son âme ;
mais il le modifie, l'anime et le maîtrise selon les lois propres
à tout objet. Puisque M. Crauk a choisi un sujet religieux, il
devait nous faire voir la foi régénérant le continent africain.
La convenance et la vérité étant le principal mérite du style.

Les Grecs pensaient que les choses qui paraissent belles aux
hommes leur sont agréables sous deux rapports différents.

Elles sont agréables en raison de leur convenance avec leur
destination ; elles le sont encore relativement à elles-mêmes
et, par-dessus tout, relativement à l'ensemble dont elles font
partie.

Elles plaisent ensuite en comparaison de la grandeur, de
l'énergie et de la diversité des idées qu'elles produisent dans
l'esprit et plus encore par la facilité avec laquelle les qualités et

la combinaison des parties qui les composent nous font concevoir et retenir ces idées.

C'est à cette disposition naturelle que nous devons de pouvoir admirer la variété, l'ampleur et la richesse; que nous aimons la simplicité, l'ordre et l'unité. L'ordre, en classant les objets qui frappent les sens, permet d'en jouir pleinement; et des divisions, justement graduées, donnent à l'esprit une idée de l'infini.

De cette disposition de notre esprit, on a tiré une des règles fondamentales qui dirigent les arts d'imitation : elle a fait admettre que dans les productions des arts, comme dans les ouvrages de la nature, pour qu'un objet charme à la fois notre esprit et nos yeux, le goût doit y réunir les divers éléments d'une beauté parfaite : c'est-à-dire que d'imposantes masses élèvent d'abord nos pensées et captivent notre attention principale; il faut que de savantes subdivisions nous fassent apprécier la grandeur de ces belles masses, et que si d'élégants détails peuvent les enrichir, il est nécessaire qu'ils n'en troublent point la tranquille ou sombre majesté.

Les difficultés que l'art statuaire a à vaincre sont grandes, il est vrai, et les ressources dont il dispose sont bien moindres que pour tous les autres arts d'imitation. Il ne peut, à l'exemple de l'architecture, par l'immensité d'un puissant édifice, imprimer cette terreur silencieuse qui dispose à l'admiration. Il ne saurait, comme la peinture, séduire, par le mouvement et la richesse d'une grande composition, ou par la diversité des groupes, le charme du coloris *et la magie du clair obscur*. Le statuaire n'a rien de pareil à sa disposition, il ne peut représenter que l'homme isolé, n'ayant à montrer que sa propre beauté et l'expression des affections de son âme. Il lui reste à réchauffer une pierre glacée, qu'il doit faire vivre, penser et palpiter, et toutes ses couleurs sont des saillies et les creux, des lumières et des ombres.

Le spectateur tourne autour de la statue, il la voit sous tous les jours, car elle se multiplie autant de fois qu'elle a de profils différents ; elle est toujours là, dans la même attitude, montrant sans cesse, ou les mêmes défauts ou les mêmes beautés, et l'homme qui la regarde, jugeant l'image de son semblable, ne fait grâce à l'artiste sur rien.

« Nous rions, disait un ancien, des peintres et des statuaires « qui cherchent la vérité dans les détails, et qui la négligent « dans les parties principales » (1).

Ce que les Grecs disaient des détails se peut dire des accessoires ; le principe est identique. Chez ces artistes incomparables, l'art consistait à les terminer avec délicatesse, tout en sachant en modérer la saillie ou l'étendue ; à savoir les placer de telle manière qu'ils ne puissent qu'ajouter à la richesse de l'ordonnance de la figure ou du groupe, et qu'au lieu de masquer les parties du nu, ils les fassent valoir. On peut se demander si le groupe de Carthage exprime réellement l'idée que l'artiste a voulu nous communiquer. Si l'objet que nous cherchions tous est rempli ?

Dans l'arrangement des draperies, l'artiste est, pour ainsi dire, le maître de la nature ; comme elle se prête à tous ses désirs, et qu'il peut soumettre son ouvrage aux formes qu'il a adoptées, il ne peut donc imputer ses erreurs qu'à lui-même.

La confusion, dans la nature, préside souvent à l'arrangement d'une draperie ; tout consiste pour l'artiste à produire l'ordre sans nuire à la vérité, à savoir allier la fermeté à la souplesse, l'ampleur à la légèreté et la méthode à la grâce ; à créer, en un mot, l'harmonie.

C'est là surtout que l'artiste doit savoir établir de grandes

____

(1) Galey. — *De usu part.*, lib. I, cap. 22.

divisions dans les masses principales et les plis secondaires, de telle sorte que la variété de distribution les embelissent mutuellement. Il est important qu'il sache accorder les ondulations de la draperie avec le mouvement du corps, leur valeur avec les contours et les formes du nu.

V

La sculpture ne se borne pas seulement à traduire les formes et les mouvements du corps de l'homme sous des rapports physiques, son ambition et son génie montent plus haut ; elle a à montrer, dans les formes et dans les mouvements de l'homme physique, la grandeur de l'homme moral.

Dans la technique de l'art statuaire, le mot expression s'étend à plusieurs choses : on y trouve l'expression de la vie, l'expression de l'action, l'expression des mœurs et l'expression des passions.

Pourquoi ne retrouvons-nous pas dans le monument du cardinal Lavigerie cette vérité d'expression si nécessaire à montrer un semblable caractère, ni le choix énergique des affections de cette grande âme de missionnaire évangélisant ?

M. Crauk ne s'est pas assez souvenu, devant son marbre, que c'est toujours la fidèle imitation de la vie qui forme le principal mérite d'un ouvrage de sculpture. Celle du Cardinal était assez belle pour inspirer d'autres accents, et, s'il voulait montrer son héros tourmenté par une douleur aiguë ou contenue, il fallait que l'action fût exprimée avec justesse et l'exécution dépouillée de toute manière, et nous laissât voir cette nature dans ce qu'elle avait de plus remarquable : sa force !

Avant nous, et avec une autorité qui efface toutes les autres,

Mengs, Winkelman, Lessing et plusieurs autres savants ont traité cette même matière. Winkelman, avec sa sagacité habituelle, a remarqué que lorsque les sculpteurs grecs avaient à représenter un héros agité par quelqu'affection profonde, ils « lui donnaient toujours la contenance d'un homme sage qui « sait réprimer l'éclat de ses passions ou l'amertume de ses « faiblesses, et ne laisse échapper que quelques étincelles du « feu qui le dévore, ou quelques parcelles des craintes qui « l'agitent. »

De plus, l'art ne doit-il pas avoir pour objet de faire aimer la patrie et la vertu, en honorant la mémoire des sages et des héros. Le statuaire a donc à nous montrer nos hommes illustres dans leur grandeur et leur fermeté; toujours courageux et supérieurs à la douleur et à la mort.

M. Crauk a-t-il voulu nous représenter son personnage dans une situation pénible, et regardant l'avenir où il restait tout à faire? Le principe général ne s'en appliquait pas moins dans toute son étendue. Ce n'était pas dans la douleur qu'il devait nous faire voir son héros, c'était surtout le héros grand dans sa douleur que nous voulions voir.

M. Crauk, à son insu, est sorti du *mode dorien* dont les chants graves enseignent aux hommes à respecter la divinité et à mépriser la mort. La voix de l'opinion ne récompense les artistes que lorsqu'ils nous représentent nos grands hommes avec les vertus qui font la gloire et le bonheur de l'humanité.

Si le sculpteur, dans le monument Lavigerie, se montre un praticien de premier ordre, par contre le philosophe et le penseur restent bien loin en arrière du sujet qu'ils devaient interpréter. Le Cardinal est plus qu'un grand principe, il restera l'une des plus fortes manifestations de la puissance chrétienne dans nos temps modernes.

Tunis, 1899.

Mis D'ANSELME DE PUISAYE.

SAINT-AMAND, CHER. — IMPRIMERIE BUSSIÈRE FRÈRES

SAINT-AMAND, CHER. — IMPRIMERIE BUSSIÈRE FRÈRES

www.ingramcontent.com/pod-product-compliance
Ingram Content Group UK Ltd.
Pitfield, Milton Keynes, MK11 3LW, UK
UKHW020114100726
13658UKWH00005B/2161